www.ingramcontent.com/pod-product-compliance
Lightning Source LLC
LaVergne TN
LVHW010816051026
849532LV00007B/2551
* 9 7 8 8 1 1 9 0 2 2 4 5 8 *

گیت گاتا چل

(غمگین فلمی نغمے)

(۱۹۵۰ء تا ۱۹۹۰ء کی دہائی)

مرتبہ:

مکرم نیاز

Geet gaata chal : Sad film songs

by: Mukarram Niyaz

Edition: July '2025

Publisher :

Taemeer Publications LLC (Michigan, USA / Hyderabad, India)

ISBN 978-81-19022-45-8

9 788119 022458

کتاب	:	**گیت گاتا چل** (نغمگین فلمی نغمے)
مرتب	:	**مکرم نیاز**
صنف	:	شاعری
ناشر	:	تعمیر پبلی کیشنز (حیدرآباد، انڈیا)
سالِ اشاعت	:	۲۰۲۵ء
صفحات	:	۱۲۲
سرورق ڈیزائن	:	تعمیر ویب ڈیزائن

تعارف

بالی ووڈ سینما کی ایک انفرادیت اس کے نغمے، گیت اور موسیقی بھی ہیں۔ مغل اعظم، پاکیزہ اور امراؤ جان سے لے کر 'دل تو پاگل ہے' تک کی فلموں نے اردو شاعری کا لوہا منوایا ہے۔ ۱۹۶۰ کی دہائی کے جوبلی کمار (راجندر کمار) اپنی اداکاری سے زیادہ اپنی فلموں کے گانوں کے سہارے مقبول ہوئے اسی طرح ۷۰ کی دہائی کے سپر اسٹار راجیش کھنہ بھی!

ان مشہور و مقبول فلمی نغموں کے آڈیو / ویڈیو آج سائبر دنیا میں جہاں دستیاب ہیں وہیں بصورت تحریر دیوناگری اور رومن رسم الخط میں مختلف ویب سائٹس پر بھی موجود ہیں۔ اردو رسم خط میں اس کمی کا خیال کرتے ہوئے، 'تعمیر نیوز' کی جانب سے بالی ووڈ فلمی نغموں کے لیے ایک بلاگ مختص کیا گیا جہاں تقریباً ۷۰۰ سے زائد نغموں کو اردو نستعلیق تحریر کی شکل میں پیش کرنے کی سعی کی گئی۔ انہی نغموں کو کتابی شکل میں بھی 'تعمیر پبلی کیشنز' کی جانب سے پیش کیا جا رہا ہے۔

مکرم نیاز

۳۰/جولائی ۲۰۲۵ء ، حیدرآباد، تلنگانہ، انڈیا۔

غمگین

(سال : نغموں کی تعداد)

۱۹۵۰ : ۷

۱۹۶۰ : ۱۰

۱۹۷۰ : ۲۲

۱۹۸۰ : ۶

۱۹۹۰ : ۱۰

۱۹۵۰ - گانا نمبر : ۰۱

یہ رات یہ چاندنی پھر کہاں

فلم : جال (۱۹۵۲ء)

نغمہ نگار : ساحر لدھیانوی

گلوکار : ہیمنت کمار

موسیقار : ایس ڈی برمن

اداکار : گیتا بالی، دیو آنند

یہ رات یہ چاندنی پھر کہاں

سن جا دل کی داستاں

پیڑوں کی شاخوں پہ سوئی سوئی چاندنی

تیرے خیالوں میں کھوئی کھوئی چاندنی

اور تھوڑی دیر میں تھک کے لوٹ جائے گی

رات یہ بہار کی پھر کبھی نہ آئے گی

دو ایک پل اور ہے یہ سماں

لہروں کے ہونٹوں پہ دھیما راگ ہے
بھیگی ہواؤں میں ٹھنڈی آگ ہے
اس حسین آگ میں تو بھی جل کے دیکھ لے
زندگی کے گیت کی دھن بدل کے دیکھ لے
کھلنے دے اب دھڑکنوں کی زباں
جاتی بہاریں ہیں ، اٹھتی جوانیاں
تاروں کی چھاؤں میں کہہ لے کہانیاں
اک بار چل دئے گر تجھے پکار کے
لوٹ کر نہ آئیں گے قافلے بہار کے
آ جا ابھی زندگی ہے جواں
یہ رات یہ چاندنی پھر کہاں
سن جا دل کی داستاں
چاندنی راتیں پیار کی باتیں
کھو گئیں جانے کہاں
آتی ہے صدا تری ٹوٹے ہوئے تاروں سے
آہٹ تیری سنتی ہوں خاموش نظاروں سے

بھیگی ہوا اُودی گھٹا کہتی ہے تیری کہانی
تیرے لیے بےچین ہے شعلوں میں لپٹی جوانی
سینے میں بل کھا رہا ہے دھواں
سن جا دل کی داستاں

لہروں کے لبوں پر ہیں کھوئے ہوئے افسانے
گلزار امیدوں کے سب ہو گئے ویرانے
تیرا پتا پاؤں کہاں سونے ہیں سارے ٹھکانے
جانے کہاں گم ہو گئے جا کے وہ اگلے زمانے
برباد ہے آرزو کا جہاں
سن جا دل کی داستاں

***

گانا نمبر : ۰۲

رات نے کیا کیا خواب دکھائے

فلم : ایک گاؤں کی کہانی (۱۹۵۷ء)

نغمہ نگار : شیلندر

گلوکار : طلعت محمود

موسیقار : سلیل چودھری

اداکار : طلعت محمود، مالا سنہا، آئی۔ ایس۔ جوہر

رات نے کیا کیا خواب دکھائے
رنگ بھرے سو جال بچھائے
آنکھیں کھلیں تو سپنے ٹوٹے
رہ گئے غم کے کالے سائے
ہم نے تو چاہا بھول ہی جائیں
وہ افسانہ کیوں دہرائیں
دل رہ رہ کے یاد دلائے
دل میں دل کا درد چھپائے

چلو جہاں قسمت لے جائے
دنیا پرائی، لوگ پرائے

***

گانا نمبر : ۰۳

مجھے تم سے کچھ بھی نہ چاہیے

فلم : کنہیا (۱۹۵۹ء)

نغمہ نگار : شیلندر

گلوکار : مکیش

موسیقار : شنکر جے کشن

اداکار : راج کپور، نوتن

مجھے تم سے کچھ بھی نہ چاہیے
مجھے میرے حال پہ چھوڑ دو
میرا دل اگر کوئی دل نہیں
اسے میرے سامنے توڑ دو
میں یہ بھول جاؤں گا زندگی
کبھی مسکرائی تھی پیار میں
میں یہ بھول جاؤنگا میرا دل
کبھی کھل اٹھا تھا بہار میں

جنہیں اس جہاں نے بھلا دیا
میرا نام ان میں ہی جوڑ دو
تمہیں اپنا کہنے کی چاہ میں
کبھی ہو سکے نہ کسی کے ہم
یہی درد میرے جگر میں ہے
مجھے مار ڈالے گا بس یہ غم
میں وہ گل ہوں، جو نہ کھلا کبھی
مجھے کیوں نہ شاخ سے توڑ دو

***

گانا نمبر : ۰۴

دامن میں داغ لگا بیٹھے

فلم : دھول کا پھول (۱۹۵۹ء)

نغمہ نگار : ساحر لدھیانوی

گلوکار : محمد رفیع

موسیقار : این دتا

اداکار : راجندر کمار، مالا سنہا

وفا کے نام پے کتنے گناہ ہوتے ہیں
یہ ان سے پوچھے کوئی جو تباہ ہوتے ہیں
دامن میں داغ لگا بیٹھے
ہم پیار میں دھوکہ کھا بیٹھے
چھوٹی سی بھول جوانی کی جو تم کو یاد نہ آئے گی
اس بھول کے طعنے دے دے کر دنیا ہم کو تڑپائے گی
اٹھتے ہی نظر جھک جائے گی، آج ایسی ٹھوکر کھا بیٹھے
چاہت کے لیے جو رسموں کو ٹھکرا کے گزرنے والے تھے

جو ساتھ ہی جینے والے تھے اور ساتھ ہی مرنے والے تھے
طوفاں کے حوالے کر کے ہمیں، خود دور کنارے جا بیٹھے
لو آج میری مجبور وفا، بدنام کہانی بننے لگی
جو پریم نشانی پائی تھی وہ پاپ نشانی بنانے لگی
دکھ دے کے ہمیں جیون بھر کا
وہ سکھ کی سیج سجا بیٹھے

***

گانا نمبر : ۰۵

دکھی من میرے، سن میرا کہنا

فلم : فنٹوش (۱۹۵۶ء)

نغمہ نگار : ساحر لدھیانوی

گلوکار : کشور کمار

موسیقار : ایس ڈی برمن

اداکار : دیو آنند، شیلا رمانی

دکھی من میرے ، سن میرا کہنا
جہاں نہیں چینا ، وہاں نہیں رہنا
درد ہمارا کوئی نہ جانے
اپنی غرض کے سب ہیں دیوانے
کس کے آگے رونا روئے
دیس پرایا لوگ بیگانے
لاکھ یہاں جھولی پھیلا لے
کچھ نہیں دیں گے اس جگ والے

پتھر کے دل موم نہ ہوں گے
چاہے جتنا نیر بہا لے
اپنے لیے کب ہیں یہ میلے
ہم ہیں ہر ایک میلے میں اکیلے
کیا پائے گا اس میں رہ کر
جو دنیا جیون سے کھیلے

***

گانا نمبر : ٠٦

دل تجھے دیا تھا رکھنے کو

فلم : ملہر (۱۹۵۱ء)

نغمہ نگار : کیف عرفانی

گلوکار : مکیش

موسیقار : روشن

اداکار : ارجن، شمی، موتی ساگر

دل تجھے دیا تھا رکھنے کو
تو نے دل کو جلا کے رکھ دیا
قسمت نے دے کے پیار مجھے
میرا دل تڑپا کے رکھ دیا
بھونرے کی لبوں پر فریادیں
کلیوں کی لبوں پر مسکانیں
بھنورے کا کلیجہ کلیوں میں
ہائے !کس نے چھپا کے رکھ دیا

قسمت نے دے کے پیار مجھے ---
جس درد سے دنیا ڈرتی ہے
جس غم سے کنارا کرتی ہے
تیری نظر نے میرے سینہ میں
وہ درد چھپا کے رکھ دیا
قسمت نے دے کے پیار مجھے ---
جب دل میں تمہیں بسایا تھا
آشا کا دیپ جلایا تھا
تقدیر کے ایک ہی جھونکے نے
وہ دیپ بجھا کے رکھ دیا
قسمت نے دے کے پیار مجھے ---
دل تجھے دیا تھا رکھنے کو
تو نے دل کو جلا کے رکھ دیا

***

گانا نمبر : ۰۷

او دنیا کے رکھوالے

فلم : بیجو باوَرا (۱۹۵۲ء)

نغمہ نگار : شکیل بدایونی

گلوکار : محمد رفیع

موسیقار : نوشاد

اداکار : بھارت بھوشن، مینا کماری

بھگوان، بھگوان، بھگوان

او دنیا کے رکھوالے

سن درد بھرے میرے نالے

آش نراش کے دو رنگوں سے دنیا تو نے بنائی

نیا سنگ طوفان بنایا، ملن کے ساتھ جدائی

جا دیکھ لیا ہرجائی

لٹ گئی میرے پیار کی نگری، اب تو نیر بہا لے

آگ بنی ساون کی برکھا، پھول بنے انگارے

ناگن بن گئی رات سہانی، پتھر بن گئے تارے
سب ٹوٹ چکے ہیں سہارے
جیون اپنا واپس لے لے، جیون دینے والے
چاند کو ڈھونڈے پاگل سورج، شام کو ڈھونڈے سویرا
میں بھی ڈھونڈوں اس پریتم کو، ہو نہ سکا جو میرا
بھگوان بھلا ہو تیرا
قسمت پھوٹی آس نہ ٹوٹی، پاؤں میں پڑ گئے چھالے
محل اداس اور گلیاں سونی، چپ چپ ہیں دیواریں
دل کیا اجڑا، دنیا اجڑی، روٹھ گئی ہیں بہاریں
ہم جیون کیسے گزاریں
مندر گرتا پھر بن جاتا، دل کو کون سنبھالے

***

۱۹۶۰ - گانا نمبر : ۰۱

لاکھوں تارے آسماں میں

فلم : ہریالی اور راستہ (۱۹۶۲ء)

نغمہ نگار : شیلندر

گلوکار : لتا منگیشکر، مکیش

موسیقار : شنکر جے کشن

اداکار : منوج کمار، مالا سنہا

لاکھوں تارے آسماں میں، ایک مگر ڈھونڈے نہ ملا
دیکھ کے دنیا کی دیوالی، دل میرا چپ چاپ جلا
قسمت کا ہے نام مگر، کام ہے یہ دنیا والوں کا
پھونک دیا ہے چمن ہمارے خوابوں اور خیالوں کا
جی کرتا ہے خود ہی گھونٹ دیں، اپنے ارمانوں کا گلا
سو سو صدیوں سے لمبی یہ غم کی رات نہیں ڈھلتی
اس اندھیاروں کے آگے اب اے دل، اک نہیں چلتی

ہنستے ہی لٹ گئی چاندنی اور اٹھتے ہی چاند ڈھلا

موت ہے بہتر اس حالت سے، نام ہے جس کا مجبوری

کون مسافر طے کر پایا، دل سے دل کی یہ دوری

کانٹوں ہی کانٹوں سے گزرا، جو راہی اس راہ چلا

***

گانا نمبر : ۰۲

ہم چھوڑ چلے ہیں محفل کو

فلم : جی چاہتا ہے (۱۹۶۲ء)

نغمہ نگار : حسرت جے پوری

گلوکار : مکیش

موسیقار : کلیان جی آنند جی

اداکار : جوائے مکرجی، راج شری

ہم چھوڑ چلے ہیں محفل کو
یاد آئے کبھی تو مت رونا
اس دل کو تسلی دے لینا
گبھرائے کبھی تو مت رونا
اک خواب سا دیکھا تھا ہم نے
جب آنکھ کھلی تو ٹوٹ گیا
یہ پیار تمہیں سپنا بن کر
تڑپائے کبھی تو مت رونا

تم میرے خیالوں میں کھو کر
برباد نہ کرنا جیون کو
جب کوئی سہیلی بات تمہیں
سمجھائے کبھی تو مت رونا
جیون کے سفر میں تنہائی
مجھ کو تو نہ زندہ چھوڑے گی
مرنے کی خبر اے جانِ جگر
پمل جائے کبھی تو مت رونا
ہم چھوڑ چلے ہیں محفل کو
یاد آئے کبھی تو مت رونا

***

گانا نمبر : ۰۳

رک جا رات ٹھہر جا رے چندا

فلم : دل ایک مندر (۱۹۶۳ء)

نغمہ نگار : شیلن

گلوکار : لتا منگیشکر

موسیقار : شنکر جے کشن

اداکار : مینا کماری ، راج کمار، راجندر کمار

رک جا رات ٹھہر جا رے چندا
بیتے نہ ملن کی بیلا
آج چاندنی کی نگری میں
ارمانوں کا میلہ
پہلے ملن کی یادیں لے کر
آئی ہے یہ رات سہانی
دہراتے ہیں چاند ستارے
میری تمہاری پریم کہانی

کل کا ڈرنا، کال کی چِنتا

دو تن ہیں من ایک ہمارے

جیون سیما کے آگے بھی

آؤں گی میں سنگ تمہارے

رک جا رات ---

***

گانا نمبر : ۰۴

تقدیر کا فسانہ جا کر کسے سنائیں

فلم : سہرا (۱۹۶۳ء)

نغمہ نگار : حسرت جے پوری

گلوکار : لتا منگیشکر

موسیقار : رام لال

اداکار : سندھیا، پرشانت

تقدیر کا فسانہ جا کر کسے سنائیں
اس دل میں جل رہی ہیں ارمان کی چتائیں
سانسوں میں آج میرے طوفاں اٹھ رہے ہیں
شہنائیوں سے کہہ دو کہیں اور جا کے گائیں
متوالے چاند سورج تیرا اٹھائے ڈولا
تجھ کو خوشی کی پریاں گھر تیرے لے کے جائیں
تم تو رہو سلامت سہرا تمہیں مبارک
میرا ہر ایک آنسو دینے لگا دعائیں

اجڑ گیا ہے محبت میں زندگی کا چمن
ستارے ہیں میری دنیا کے آنسوؤں کا کفن
تقدیر کا فسانہ جا کر کسے سنائیں
اس دل میں جل رہی ہیں ارمان کی چتائیں
دیکھے تھے جو بھی سپنے وہ بن گئے ہیں آنسو
جاتی ہوئی ہواؤ لے جاؤ میری آہیں
اپنا تو غم نہیں ہے، غم ہے تو اتنا غم ہے
وہ بے وفا نہ سمجھیں، ہم سے بدل نہ جائیں

***

گانا نمبر : ۰۵

آج کی رات میرے دل کی سلامی لے لے

فلم : رام اور شیام (۱۹۶۷ء)

نغمہ نگار : شکیل بدایونی

گلوکار : محمد رفیع

موسیقار : نوشاد

اداکار : دلیپ کمار، وحیدہ رحمان، ممتاز، پران

یہ رات جیسے دلہن بن گئی چراغوں سے
کروں گا اجالا میں دل کے داغوں سے
آج کی رات میرے دل کی سلامی لے لے
کل تیری بزم سے دیوانہ چلا جائے گا
شمع رہ جائے گی، پروانہ چلا جائے گا
تیری محفل، تیرے جلوے ہو مبارک تجھ کو
تیری الفت سے نہیں آج بھی انکار مجھے
تیرا میخانہ سلامت رہے اے جانِ وفا

مسکرا کر تو ذرا دیکھ لے ایک بار مجھے
پھر تیرے پیار کا مستانہ چلا جائے گا
میں نے چاہا کہ بتا دوں میں حقیقت اپنی
تو نے لیکن نہ میرا راز محبت سمجھا
میری الجھن، میرے حالات یہاں تک پہنچے
تیری آنکھوں نے میرے پیار کو نفرت سمجھا
اب تیری راہ سے بیگانا چلا جائے گا
تو میرا ساتھ نہ دے راہِ محبت میں صنم
چلتے چلتے میں کسی راہ پہ مڑ جاؤں گا
کہکشاں، چاند، ستارے تیرے چومیں گے قدم
تیرے رستے کی میں ایک دھول ہوں ، اڑ جاؤں گا
ساتھ میرے میرا افسانہ چلا جائے گا

***

گانا نمبر : ۰۶

رات باقی بات باقی

فلم : چراغ (۱۹۶۹ء)

نغمہ نگار : مجروح سلطان پوری

گلوکار : محمد رفیع

موسیقار : مدن موہن

اداکار : سنیل دت، آشا پاریکھ

چراغ دل کا جلاؤ بہت اندھیرا ہے
کہیں سے لوٹ کے آؤ بہت اندھیرا ہے
کہاں سے لاؤں وہ رنگت گئی بہاروں کی
تمہارے ساتھ گئی روشنی نظاروں کی
مجھے بھی پاس بلاؤ بہت اندھیرا ہے
ستارو تم سے اندھیرے کہاں سنبھلتے ہیں
انہیں کے نقش قدم سے چراغ جلتے ہیں
انہیں کو ڈھونڈ کے لاؤ بہت اندھیرا ہے

***

گانا نمبر : ۰۷

اجنبی تم جانے پہچانے سے لگتے ہو

فلم : ہم سب استاد ہیں (۱۹۶۵ء)

نغمہ نگار : اسد بھوپالی

گلوکار : کشور کمار، لتا منگیشکر

موسیقار : لکشمی کانت پیارے لال

اداکار : کشور کمار، دارا سنگھ، ایتا

اجنبی تم جانے پہچانے سے لگتے ہو

یہ بڑی عجیب سی بات ہے، کہ نئی نئی ملاقات ہے

پھر بھی جانے کیوں، اجنبی ---

تم نے کبھی پیار کیا تھا کسی راہی سے

تم نے کبھی وعدہ کیا تھا، کسی ساتھی سے

نہ وہ پیار رہا، نہ وہ بات رہی

پھر بھی جانے کیوں، اجنبی ---

دل میں رہے اور ہمارا دل توڑ دیا

ساتھ چلے، موڑ پہ آ کے ہمیں چھوڑ دیا
تم ہو کہیں اور ہم کہیں
پھر بھی جانے کیوں، اجنبی ---
لگتا ہے یوں خواب ہے جیسے کوئی دیکھا ہوا
کہتا ہے دل آج ملا ہے کوئی کھویا ہوا
نہ خیال تمہیں نہ خیال ہمیں
پھر بھی جانے کیوں، اجنبی ---
کس کو خبر پہلے ملے تھے ہم دونوں کہاں
کب سے مگر ڈھونڈ رہا تھا تمہیں میرا جہاں
نہ تو یاد تمہیں نہ تو یاد ہمیں
پھر بھی جانے کیوں، اجنبی ---
کتنے جنم بیت گئے ہیں تمہیں پانے میں
ہم نے تمہیں پیار کیا ہے انجانے میں
نہ کبھی ملے نہ قریب ہوئے
پھر بھی جانے کیوں، اجنبی ---

***

گانا نمبر : ۰۸

پوچھو نہ کیسے میں نے رین بتائی

فلم : میری صورت تیری آنکھیں (۱۹۶۳ء)

نغمہ نگار : شیلندر

گلوکار : مناڈے

موسیقار : ایس ڈی برمن

اداکار : اشوک کمار، آشا پاریکھ

پوچھو نہ کیسے میں نے رین بتائی

اک پل جیسے، اک جُگ بیتا

جُگ بیتے موہے نیند نہ آئی

اُت جلے دیپک، اِت من میرا

پھر بھی نہ جائے میرے گھر کا اندھیرا

تڑپت ترست عمر گنوائی

نہ کہیں چندا، نہ کہیں تارے

جیوت کے پیاسے میری نین بچارے

بھور بھی آس کی کرن نہ لائی
پوچھو نہ کیسے میں نے رین بتائی

***

گانا نمبر: ۰۹

میرے ٹوٹے ہوئے دل سے

فلم : چھلیا (۱۹۶۰ء)

نغمہ نگار : قمر جلال آبادی

گلوکار : مکیش

موسیقار : کلیان جی آنند جی

اداکار : راج کپور، نوتن، پران

میرے ٹوٹے ہوئے دل سے
کوئی تو آج یہ پوچھے
کہ تیرا حال کیا ہے
کہ تیرا حال کیا ہے
قسمت تیری ریت نرالی
او چھلیے کو چھلنے والی
پھول کھلا تو ٹوٹی ڈالی
جسے الفت سمجھ بیٹھا

میری نظروں کا دھوکا تھا
کسی کی کیا خطا ہے
مانگی محبت پائی جدائی
دنیا مجھ کو راس نہ آئی
پہلے قدم پر ٹھوکر کھائی
سدا آزاد رہتے تھے
ہمیں معلوم ہی کیا تھا
محبت کیا بلا ہے
میرے ٹوٹے ہوئے دل سے
کوئی تو آج یہ پوچھے
کہ تیرا حال کیا ہے

***

گانا نمبر : ۱۰

کوئی ساغر دل کو بہلاتا نہیں

فلم : دل دیا درد لیا (۱۹۶۶ء)

نغمہ نگار : شکیل بدایونی

گلوکار : محمد رفیع

موسیقار : نوشاد

اداکار : دلیپ کمار

کوئی ساغر دل کو بہلاتا نہیں
بے خودی میں بھی قرار آتا نہیں
میں کوئی پتھر نہیں ، انسان ہوں
کیسے کہہ دوں غم سے گھبراتا نہیں
کل تو سب تھے کارواں کے ساتھ ساتھ
آج کوئی راہ دکھلاتا نہیں
زندگی کے آئینے کو توڑ دو
اس میں اب کچھ بھی نظر آتا نہیں

***

۱۹۷۰ - گانا نمبر : ۰۱

درپن کو دیکھا تو نے جب جب کیا سنگھار

فلم : اپاسنا (۱۹۷۱ء)

نغمہ نگار : اندیور

گلوکار : مکیش

موسیقار : کلیان جی آنند جی

اداکار : فیروز خاں، ممتاز

درپن کو دیکھا، تو نے جب جب کیا سنگھار
پھولوں کو دیکھا، تو نے جب جب آئی بہار
اک بدنصیب ہوں میں، مجھے نہیں دیکھا ایک بار
سورج کی پہلی کرنوں کو، دیکھا تو نے الساتے ہوئے
راتوں میں تاروں کو دیکھا، سپنوں میں کھو جاتے ہوئے
یوں کسی نہ کسی بہانے، تو نے دیکھا سب سنسار
کاجل کی قسمت کیا کہیے، نینوں میں تو نے بسایا

آنچل کی قسمت کیا کہیے، تو نے انگ لگایا ہے
حسرت ہی رہی میرے دل میں، بنوں تیرے گلے کا ہار

***

گانا نمبر : ۰۲

دو قدم تم نہ چلے، دو قدم ہم نہ چلے

فلم : ایک حسینہ دو دیوانے (۱۹۷۲ء)

نغمہ نگار : انجان

گلوکار : مکیش

موسیقار : کلیان جی آنند جی

اداکار : جتیندر، ببیتا، ونود کھنہ

دو قدم تم نہ چلے، دو قدم ہم نہ چلے
آرزوؤں کے دیئے بجھ گئے جلتے جلتے
ہم تو آنکھوں بسا لیں گے تمہارے غم کو
تم کبھی بھول کے بھی یاد نہ کرنا ہم کو
اپنی منزل تمہیں مل جائے گی چلتے چلتے
وقت نے زہر بھرا پیار کے پیمانوں میں
کھو گئے خواب سلگتے ہوئے ویرانوں میں
جان سے جائیں گے ہم درد کے ڈھلتے ڈھلتے

دو قدم تم نہ چلے، دو قدم ہم نہ چلے

***

گانا نمبر : ۰۳

جس گلی میں تیرا گھر نہ ہو بالما

فلم : کٹی پتنگ (۱۹۷۰ء)

نغمہ نگار : آنند بخشی

گلوکار : مکی

موسیقار : آر ڈی برمن

اداکار : راجیش کھنہ ، آشا پاریکھ

جس گلی میں تیرا گھر نہ ہو بالما
اس گلی سے ہمیں تو گزرنا نہیں
جو ڈگر تیرے دوارے پہ جاتی نہ ہو
اس ڈگر پہ ہمیں پاؤں رکھنا نہیں
زندگی میں کئی رنگ رلیاں سہی
ہر طرف مسکراتی یہ کلیاں سہی
خوبصورت بہاروں کی گلیاں سہی
جس چمن میں تیرے پگ میں کانٹے چبھیں

اس چمن سے ہمیں پھول چننا نہیں
جس گلی میں تیرا گھر نہ ہو بالما ---
آ یہ رسمیں یہ قسمیں سبھی توڑ کے
تو چلی آ چنر پیار کی اوڑھ کے
یا چلا جاؤں گا میں یہ جگ چھوڑ کے
جس جگہ یاد تیری ستانے لگے
اس جگہ ایک پل بھی ٹھہرنا نہیں
جس گلی میں تیرا گھر نہ ہو بالما ---

***

گانا نمبر : ۴۰

جب درد نہیں تھا سینے میں

فلم : انورودھ (۱۹۷۷ء)

نغمہ نگار : آنند بخشی

گلوکار : کشور کمار

موسیقار : لکشمی کانت پیارے لال

اداکار : راجیش کھنہ، ونود مہرہ، سمپل کپاڈیہ

نہ ہنسنا میرے غم پہ انصاف کرنا
جو میں رو پڑوں تو مجھے معاف کرنا
جب درد نہیں تھا سینے میں
تب خاک مزا تھا جینے میں
اب کے شاید ہم بھی روئیں
ساون کے مہینے میں
یاروں کا غم کیا ہوتا ہے
معلوم نہ تھا انجانوں کو
ساحل پہ کھڑے ہو کر ہم نے

دیکھا اکثر طوفانوں کو
اب کے شاید ہم بھی ڈوبے
موجوں کے سفینے میں
ایسے تو ٹھیس نہ لگتی تھی
جب اپنے روٹھا کرتے تھے
اتنا تو درد نہ ہوتا تھا
جب سپنے ٹوٹا کرتے تھے
اب کے شاید دل بھی ٹوٹے
اب کے شاید ہم بھی روئیں
ساون کے مہینے میں
اس قدر پیار تو کوئی کرتا نہیں
مرنے والوں کے ساتھ کوئی مرتا نہیں
آپ کے سامنے میں نہ پھر آؤں گا
گیت ہی جب نہ ہوں گے، تو کیا گاؤں گا
میری آواز پیاری ہے تو دوستو
یار بچ جائے میرا دعا سب کرو

***

گانا نمبر: ۰۵

نہ پوچھو کوئی ہمیں زہر کیوں پی لیا

فلم : امانش (۱۹۷۵ء)

نغمہ نگار : اندیور

گلوکار : کشور کمار

موسیقار : شیام لال مترا

اداکار : شرمیلا ٹیگور، اتم کمار

نہ پوچھو کوئی ہمیں زہر کیوں پی لیا
زہر یہ پی لیا تو تھوڑا سا جی لیا
پی کے نہ بھوک لگے نہ رہے درد کوئی
غریبوں کا تو نہیں ایسا ہمدرد کوئی
کب تک ہم آہیں بھرتے
نہ پیتے تو کیا کرتے
پی گئی آگ ہمیں، ڈس گئے ناگ ہمیں
سنا ہے زہر سے زہر مارا کرتا ہے

مٹی کے پیالے جیسا سبھی مجھے توڑ گئے
خالی بوتل کی طرح رستے میں چھوڑ گئے
جھوٹے تو پوجیں جائیں
سزائیں سچے پائیں
ظلم نردوش رہا نیائے خاموش رہا
تو بھگوان کیا انصاف کیا کرتا ہے

***

گانا نمبر : ۰۶

بڑی سونی سونی ہے زندگی یہ زندگی

فلم : ملی (۱۹۷۵ء)

نغمہ نگار : یوگیش

گلوکار : کشور کمار

موسیقار : ایس ڈی برمن

اداکار : اشوک کمار، ایتابھ بچن، جیہ بہادری

بڑی سونی سونی ہے، زندگی یہ زندگی
میں خود سے ہوں، یہاں اجنبی، اجنبی
کبھی ایک پل بھی کہیں یہ اداسی
دل میرا بھولے
تبھی مسکرا کر دبے پاؤں آ کر
دکھ مجھے چھو لیں
نہ کر مجھ سے غم میرے دل لگی یہ دل لگی
کبھی میں نہ سویا، کہیں مجھ سے کھویا

سکھ میرا ایسے
پتہ نام لکھ کر کہیں یونہی رکھ کر
بھولے کوئی جیسے
عجب دکھ بھری ہے، یہ بے بسی، بے بسی

***

گانا نمبر : ۰۷

برسوں پرانا یہ یارانہ ایک پل میں کیوں ٹوٹا

فلم : ہیرا پھیری (۱۹۷۶ء)

نغمہ نگار : انجان

گلوکار : کشور کمار

موسیقار : کلیان جی آنند جی

اداکار : امیتابھ بچن، سائرہ بانو، ونود کھنہ، سلکھشنا پنڈت

دشمن نہ کرے دوست نے وہ کام کر دیا

کہ دوستی کے نام کو بدنام کر دیا

برسوں پرانا یہ یارانہ ایک پل میں کیوں ٹوٹا

ایک پل میں کیوں ٹوٹا

یار میرے یار میرے یار میرے تو ایسے روٹھا

جیسے میرا رب روٹھا جیسے میرا رب روٹھا

تیرا جہاں بھی گرا پسینہ میں نے خون بہایا

تیرا لہو بنا کیوں پانی یہ کیسا دن آیا

وہ تیری دوستی، وہ تیری دوستی تھی میری زندگی
بن کے پجاری پیار میں تو نے پیار کا مندر لوٹا
جیسے میرا رب روٹھا
لہروں پر جو مٹیں لکیریں، ٹوٹیں قسمیں ساری
ریت کی اک دیوار تھی میرے یار کی جھوٹی یاری
یہ ستم کیا ہوا یہ ستم کیا ہوا کیا لگی بددعا
جسم سے جیسے جان جدا ہو ساتھ تیرا یوں چھوٹا
جیسے میرا رب روٹھا
برسوں پرانا یہ یارانہ ایک پل میں کیوں ٹوٹا
ایک پل میں کیوں ٹوٹا

***

گانا نمبر : ۰۸

میرا جیون کچھ کام نہ آیا

فلم : میرا جیون (۱۹۷۶ء)

نغمہ نگار : ایم جی حشم

گلوکار : کشور کمار

موسیقار : سپن جگموہن

اداکار : ودیا سنہا، نریش جی

میرا جیون کچھ کام نہ آیا
جیسے سوکھے پیڑ کی چھایا
اپنوں کے ہوتے ہوئے تن میں بسی تنہائی
آنسو بنا کے خوشی آنکھوں سے میں نے برسائی
خوشیوں کو روتے روتے،
دنیا میں اب تو میرا جی گھبرایا
برس گئے رے ساون، دریا بھی جوش میں آئے
پھول بھی کھلنے لگے، کلیوں کے من مسکائے

سونی رہی ایک ڈالی،
اس پہ تو کوئی اب تک پھول نہ آیا
جینے کو جی نہ چاہے، مانگوں تو موت نہ آئے
سانسوں کے چلنے کو تو جیون کہا نہیں جائے
درد بسا کے دل میں،
میرا نصیب مجھ کو کہاں پہ لایا

***

گانا نمبر : ۰۹

ہمیں یاد کبھی تم کر لینا

فلم : انوکھا دان (۱۹۷۲ء)

نغمہ نگار : یوگیش

گلوکار : لتا منگیشکر

موسیقار : سلیل چودھری

اداکار : انیل دھون، ارچنا، ظاہرہ

ہمیں یاد کبھی تم کر لینا

جب روتا ہوا ساون آئے

ہو بہار اور راہ میں کوئی

پھول ہائے مرجھائے

ویران سفر میں جیون کے

کب تک یوں اکیلے چلتے پیا

لے کر ہم یہ آخر تیرے بنا

ہائے آس کا بجھتا سا دیا

دیتے ہیں دعا پھر بھی تم کو
خوشیوں کی عمر لگ جائے تمہیں
جو بھی تم کو غم ہو
سارے بدلے میں یہاں مل جائیں ہمیں

***

گانا نمبر : ۱۰

مشکل ہے جینا بے دردوں کی دنیا میں

فلم : صاحب بہادر (۱۹۷۷ء)

نغمہ نگار : راجندر کرشن

گلوکار : لتا منگیشکر

موسیقار : مدن موہن

اداکار : دیو آنند، پریہ راج ونش

مشکل ہے جینا
بے دردوں کی دنیا میں
مشکل ہے جینا
درد اٹھے تو چپ رہنا
اپنے آنسو پینا
بے دردوں کی دنیا میں
مشکل ہے جینا
دل بھی اپنا
قرض بھی اپنا

باقی سبھی پرائے ہیں
کیسی قسمت لے کر جانے
ہم دنیا میں آئے ہیں
پہرے اداسیوں کے چھوڑے نہ ساتھ میرا
کوئی خوشی تو کبھی تھامے گی ہاتھ میرا
دور کہیں سے دیکھوں
دھندھلا سا ایک سایا
سایا تو ہے سایا
کب ہاتھ کسی کے آیا
سایا --- سایا ---
درد اٹھے تو چپ رہنا
اپنے آنسو پینا
بے دردوں کی دنیا میں
مشکل ہے جینا
بے دردوں کی دنیا میں
مشکل ہے جینا

***

گانا نمبر : ۱۱

سب کے رہتے لگتا ہے جیسے کوئی نہیں ہے میرا

گلوکار : کشور کمار

فلم : سمجھوتا (۱۹۷۳ء)

نغمہ نگار : اندیور

موسیقار : کلیان جی آنند جی

اداکار : انیل دھون، یوگیتا بالی، شتروگھن سنہا

سب کے رہتے لگتا ہے جیسے کوئی نہیں ہے میرا
سورج کو چھونے نکلا تھا آیا ہاتھ اندھیرا
میری قسمت میں ہے ٹھوکر یوں تو بہت ہیں سہارے
میرے دل کا دیپ بجھا تو پھر کیا چاند ستارے
چندا والی رات بھی کالی
کالا ہے میرا سویرا
رستہ ہی رستہ ہے آگے نہ منزل نہ کنارا
جانے کہاں پر لے چلی ہے مجھ کو سمے کی دھارا

ٹوٹی	نیا	بچھڑے	کھوی-یا
طوفانوں		نے	گھیرا

***

گانا نمبر : ۱۲

میرا پردیسی نہ آیا

فلم : میرے ہمسفر (۱۹۷۰ء)

نغمہ نگار : آنند بخشی

گلوکار : لتا منگیشکر

موسیقار : کلیان جی آنند جی

اداکار : شرمیلا ٹیگور ، جیتندر

میرا پردیسی نہ آیا، سب کے من کے میت ملے ہیں
باغوں میں پھر پھول کھلے ہیں، میرا من مرجھایا
ساون برسا یوں من ترسا میں جی بھر کے روئی
جس نے دیکھا پاگل سمجھا یہ نہ سمجھا کوئی
یاد میں کس کی جانے ظلمی بھول گیا برہن کو
راہ میں جانے کس سوتن نے روک لیا ساجن کو
سانجھ سکارے یہ کہہ کہہ کے چھیڑے دنیا ساری
وہ آتی ہے وہ جاتی ہے ایک برہا کی ماری

***

گانا نمبر : ۱۳

مجھے تیری محبت کا سہارا مل گیا ہوتا

فلم : آپ آئے بہار آئی (۱۹۷۱ء)

نغمہ نگار: آنند بخشی

گلوکار : محمد رفیع، لتا منگیشکر

موسیقار : لکشمی کانت پیارے لال

اداکار : راجندر کمار، سادھنا

دل شاد تھا کہ پھول کھلیں گے بہار میں
مارا گیا غریب اس ہی اعتبار میں
مجھے تیری محبت کا سہارا مل گیا ہوتا
اگر طوفاں نہیں آتا کنارا مل گیا ہوتا
نہ تھا منظور قسمت کو، نہ تھی مرضی بہاروں کی
نہیں تو اس گلستاں میں، کمی تھی کیا نظاروں کی
میری نظروں کو بھی کوئی نظارا مل گیا ہوتا
خوشی سے اپنی آنکھوں کو میں اشکوں سے بھگو لیتا

میرے بدلے تو ہنس لیتی، تیرے بدلے میں رو لیتا
مجھے اے کاش تیرا درد سارا مل گیا ہوتا
ملی ہے چاندنی جن کو، یہ ان کی اپنی قسمت ہے
مجھے اپنے مقدر سے فقط اتنی شکایت ہے
مجھے ٹوٹا ہوا کوئی ستارا مل گیا ہوتا

***

گانا نمبر : ۱۴

اپنے جیون کی الجھن کو کیسے میں سلجھاؤں

فلم : الجھن (۱۹۷۵ء)

نغمہ نگار : ایم جی حشمت

گلوکار : کشور کمار، لتا منگیشکر

موسیقار : کلیان جی آنند جی

اداکار : سنجیو کمار، سلکھشنا پنڈت

اپنے جیون کی الجھن کو کیسے میں سلجھاؤں

اپنوں نے جو درد دیئے ہیں کیسے میں بتلاؤں

پیار کے وعدے ہو گئے جھوٹے، وفا کے بندھن ٹوٹے

بن کے جیون ساتھی کوئی، چین میرا کیوں لوٹے

ایسے جیون ساتھی سے میں کیسے ساتھ نبھاؤں

اپنے جیون کی الجھن کو ---

کیسے کیسے بھید چھپائیں، ہاتھوں کی ریکھائیں

کوئی نہ جانے اس جیون کو، یہ کس اور لے جائیں

پڑھ نہ پاؤں لیکھ ودھی کا، پل پل میں گھبراؤں
اپنے جیون کی الجھن کو ---
دل میں ایسا درد چھپا ہے، مجھ سے سہا نہ جائے
کہنا تو چاہوں اپنوں سے میں، پھر بھی کہا نہ جائے
اپنے جیون کی الجھن کو ---

***

گانا نمبر : ۱۵

ایک اکیلا اس شہر میں

فلم : گھرونده (۱۹۷۷ء)

نغمہ نگار : گلزار

گلوکار : بھوپیندر

موسیقار : جے دیو

اداکار : امول پالیکر، زرینہ وہاب

ایک اکیلا اس شہر میں
رات اور دوپہر میں
آب و دانہ ڈھونڈتا ہے
آشیانہ ڈھونڈتا ہے
دن خالی برتن ہیں
اور رات ہے جیسے اندھا کنواں
ان سونی اندھیری آنکھوں میں
آنسو کی جگہ آتا ہے دھواں

جینے کی وجہ تو کوئی نہیں
مرنے کا بہانہ ڈھونڈتا ہے
ان عمر سے لمبی سڑکوں کو
منزل پہ پہنچتے دیکھا نہیں
بس دوڑتی پھرتی رہتی ہیں
ہم نے تو ٹھہرتے دیکھا نہیں
اس اجنبی سے شہر میں
جانا پہچانا ڈھونڈتا ہوں

***

گانا نمبر : ١٦

نفرت کی دنیا کو چھوڑ کے

فلم : ہاتھی میرے ساتھی (١٩٧١ء)

نغمہ نگار : آنند بخشی

گلوکار : محمد رفیع

موسیقار : لکشمی کانت پیارے لال

اداکار : راجیش کھنہ، تنوجہ

نفرت کی دنیا کو چھوڑ کے
پیار کی دنیا میں خوش رہنا میرے یار
اس جھوٹ کی نگری سے توڑ کے ناتا جا پیارے
امر رہے تیرا پیار
خوش رہنا میرے یار
جب جانور کوئی انسان کو مارے
کہتے ہیں دنیا میں وحشی اسے سارے
ایک جانور کی جان آج انسان نے لی ہے

چپ کیوں ہے سنسار
خوش رہنا میرے یار
بس آخری سن لے یہ میل ہے اپنا
بس ختم اے ساتھی یہ کھیل ہے اپنا
اب یاد میں تیری بیت جائیں گے رو رو کے
جیون کے دن چار
خوش رہنا میرے یار

***

گانا نمبر : ۱۷

دل ایسا کسی نے میرا توڑا

فلم : امانش (۱۹۷۵ء)

نغمہ نگار : اندیور

گلوکار : کشور کمار

موسیقار : شیام لال مترا

اداکار : شرمیلا ٹیگور، اتم کمار

دل ایسا کسی نے میرا توڑا
بربادی کی طرف ایسا موڑا
ایک بھلے منش کو، امانش بنا کے چھوڑا
ساگر کتنا میرے پاس ہے
میرے جیون میں پھر بھی پیاس ہے
ہے پیاس بڑی جیون تھوڑا
امانش بنا کے چھوڑا
کہتے ہیں یہ دنیا کے راستے

کوئی منزل نہیں تیرے واسطے
ناکامیوں سے ناتا میرا جوڑا
امانش بنا کے چھوڑا
ڈوبا سورج پھر سے نکلے
رہتا نہیں ہے اندھیرا
میرا سورج ایسا روٹھا
دیکھا نہ میں نے سویرا
اجالوں نے ساتھ میرا چھوڑا
امانش بنا کے چھوڑا

***

گانا نمبر : ۱۸

او مانجھی رے

فلم : خوشبو (۱۹۷۵ء)

نغمہ نگار : گلزار

گلوکار : کشور کمار

موسیقار : آر ڈی برمن

اداکار : جیتندر، ہیمامالنی، شرمیلا ٹیگور

او مانجھی رے، او مانجھی رے

اپنا کنارا، ندیا کی دھارا ہے

ساحلوں پہ بہنے والے کبھی سنا تو ہوگا کہیں

کاغذوں کی کشتیوں کا کہیں کنارا ہوتا نہیں

او مانجھی رے، مانجھی رے

کوئی کنارا جو کنارے سے ملے وہ اپنا کنارا ہے

پانیوں میں بہہ رہے ہیں کئی کنارے ٹوٹے ہوئے

راستوں میں مل گئے ہیں سبھی سہارے چھوٹے ہوئے

او مانجھی رے، او مانجھی رے

کوئی سہارا منجدھارے میں ملے جو اپنا سہارا ہے

***

گانا نمبر : ۱۹

تیری دنیا سے ہو کے مجبور چلا

فلم : پوتر پاپی (۱۹۷۰ء

نغمہ نگار : پریم دھون

گلوکار : کشور کمار

موسیقار : پریم دھون

اداکار : پریکشت ساہنی، تنوجہ، بلراج ساہنی

تیری دنیا سے ہو کے مجبور چلا

میں بہت دور، بہت دور، بہت دور چلا

اس قدر دور کہ پھر لوٹ کے بھی نہ آ سکوں

ایسی منزل کہ جہاں خود کو بھی میں پا نہ سکوں

اور مجبوری ہے کیا اتنا بھی بتلا نہ سکوں

آنکھ بھر آئی اگر اشکوں کو میں پی لوں گا

آہ نکلی جو کبھی ہونٹوں کو میں سی لوں گا

تجھ سے وعدہ ہے کیا اس لیے میں جی لوں گا

خوش رہے تو رہے جہاں، لے جا دعائیں میری
تیری راہوں سے جدا ہو گئی راہیں میری
کچھ نہیں ساتھ میرے، بس ہیں خطائیں میری

***

گانا نمبر : ۲۰

کوئی ہوتا جس کو اپنا ہم اپنا کہہ لیتے

فلم : میرے اپنے (۱۹۷۱ء)

نغمہ نگار : گلزار

گلوکار : کشور کمار

موسیقار : سلیل چودھری

اداکار : مینا کماری، ونود کھنہ، شتروگھن سنہا

کوئی ہوتا جس کو اپنا
ہم اپنا کہہ لیتے یارو
پاس نہیں تو دور ہی ہوتا
لیکن کوئی میرا اپنا
آنکھوں میں نیند نہ ہوتی
آنسو ہی تیرتے رہتے
خوابوں میں جاگتے ہم رات بھر
کوئی تو غم اپناتا

کوئی تو ساتھی ہوتا
بھولا ہوا کوئی وعدہ
بیتی ہوئی کچھ یادیں
تنہائی دہراتی ہے رات بھر
کوئی دلاسا ہوتا
کوئی تو اپنا ہوتا
کوئی ہوتا جس کو اپنا
ہم اپنا کہہ لیتے یارو

***

گانا نمبر : ۲۱

جانے کہاں گئے وہ دن

فلم : میرا نام جوکر (۱۹۷۰ء)

نغمہ نگار : حسرت جے پوری

گلوکار : مکیش

موسیقار : شنکر جے کشن

اداکار : راج کپور، سیمی گریوال، منوج کمار

جانے کہاں گئے وہ دن، کہتے تھے تیری راہ میں
نظروں کو ہم بچھائیں گے
چاہے کہیں بھی تم رہو، چاہیں گے تم کو عمر بھر
تم کو نہ بھول پائیں گے
میرے قدم جہاں پڑے، سجدے کیے تھے یار نے
مجھ کو رلا رلا دیا جاتی ہوئی بہار نے
اپنی نظر میں آج کل دن بھی اندھیری رات ہے
سایہ ہی اپنے ساتھ تھا، سایہ ہی اپنے ساتھ ہے

کل کھیل میں ہم ہوں نہ ہوں
گردش میں تارے رہیں گے سدا
بھولو گے تم، بھولیں گے وہ
پر ہم تمہارے رہیں گے سدا
رہیں گے یہیں اپنے نشاں
اس کے سوا جانا کہاں
جی چاہے جب ہم کو آواز دو
ہم ہیں وہیں ہم تھے جہاں
اپنے یہی دونوں جہاں
اس کے سوا جانا کہاں

***

گانا نمبر : ۲۲

یہ کیا ہوا کیسے ہوا کب ہوا

فلم : امر پریم (۱۹۷۱ء)

نغمہ نگار : آنند بخشی

گلوکار : کشور کمار

موسیقار : آر ڈی برمن

اداکار : راجیش کھنہ، شرمیلا ٹیگور

یہ کیا ہوا، کیسے ہوا، کب ہوا

کیوں ہوا، جب ہوا، تب ہوا

چھوڑو --- یہ نہ سوچو

ہم کیوں شکوہ کریں جھوٹا

کیا ہوا جو دل ٹوٹا

شیشے کا کھلونا تھا

کچھ نہ کچھ تو ہونا تھا، ہوا

ہم نے جو دیکھا تھا، سنا تھا

کیا بتائیں وہ کیا تھا
سپنا سلونا تھا
ختم تو ہونا تھا، ہوا
اے دل، چل پی کر جھومیں
انہی گلیوں میں گھومیں
یہاں تجھے کھونا تھا
بدنام ہونا تھا، ہوا

***

۱۹۸۰ - گانا نمبر : ۰۱

حضور آتے آتے بہت دیر کر دی

فلم : طوائف (۱۹۸۵ء)

نغمہ نگار : حسن کمال

گلوکار : آشا بھونسلے

موسیقار : روی

اداکار : رشی کپور ، رتی اگنی ہوتری، پونم ڈھلون

بہت دیر سے در پہ آنکھیں لگی تھیں
حضور آتے آتے بہت دیر کر دی
مسیحا میرے تو نے بیمارِ غم کی
دوا لاتے لاتے بہت دیر کر دی
محبت کے دو بول سننے نہ پائے
وفاؤں کے دو پھول چننے نہ پائے
تجھے بھی ہماری تمنا تھی ظالم

بتاتے بتاتے بہت دیر کر دی
کوئی پل میں دم توڑ دیں گی مرادیں
بکھر جائیں گی میرے خوابوں کی یادیں
سدا سنتے سنتے خبر لیتے لیتے
پتہ پاتے پاتے بہت دیر کر دی

***

گانا نمبر : ۰۲

آتے ہیں ، چلے جاتے ہیں

فلم : یادگار (۱۹۸۴ء)

نغمہ نگار : انجان

گلوکار : کشور کمار

موسیقار : بپی لہری

اداکار : کمل ہاسن، پونم ڈھلون، سنجیو کمار

آتے ہیں، چلے جاتے ہیں
جانے والے کبھی یہاں اپنے پیار سے
لوگوں کے دلوں میں یادگار بن جاتے ہیں
رونا نہ، اداس ہونا نہ، یہ آنسو کھونا نا
یہاں نا دامن بھگونا کبھی
پانا ہے، کبھی کچھ پانا ہے، کبھی کچھ کھونا ہے
یہاں جو ہونا ہے ہو گا وہ ہی
یہی زندگی ہے یہاں جیسے وہ ہی لوگ جو

سارے غم بھلا کے آنسوؤں میں مسکراتے ہیں
چلنا ہے، ہمیں تو چلنا ہیں، اکیلے چلنا ہے
کوئی بھی ہو یا نا ہو ہم سفر
راہوں میں رکیں یا ہم چلیں، چلے یا ہم رکے
کہیں بھی رکتا نہیں یہ سفر
آنا جانا لگا رہے جیون کی راہوں میں
راہیں وہی رہتی ہیں، راہی بدل جاتے ہیں
راتوں کے، اندھیری راتوں کے گھنیرے سائے میں
چھپا تو ہو گا سویرا کہیں
آئے گا، سویرا آئے گا، اجالے لائے گا
اندھیرے ہوں گے ہمیشہ نہیں
مانے یہاں ہار نہ جو کبھی کسی حال میں
وہ ہی یہاں پھول کبھی کانٹوں میں کھلاتے ہیں

***

گانا نمبر : ۰۳

اے زندگی ہوئی کہاں بھول

فلم : ناممکن (۱۹۸۸ء)

نغمہ نگار : انجان

گلوکار : کشور کمار

موسیقار : آر ڈی برمن

اداکار : سنجیو کمار، راج ببر، ونود مہرہ، زینت امان

اے زندگی ہوئی کہاں بھول، جس کی ہمیں ملی یہ سزا
کہاں سے کہاں لائی تو ہمیں، ہم سے ہے کیوں اتنی خفا
اے زندگی ہوئی کہاں بھول ---
کہاں گئے دن وہ سہانے، کہاں کھویا پیار ہمارا
کہاں اڑی کیا چنگاری، جل گیا وہ سکھ سارا
ہو اپنا کہیں کوئی نہیں، لا کے کہاں ہمیں مارا
ہو اپنا کہیں کوئی نہیں، دل نے یہاں سب ہارا
اے زندگی ہوئی کہاں بھول ---

بیتے جو دل پہ ہمارے، جا کے کہاں کس کو سنائیں
چھلکے جو آنکھوں سے دل کے، آنسو یہ کس کو دکھائیں
ہو کون سنے دل کا یہ غم، دشمن ہے جگ سارا
اے زندگی ہوئی کہاں بھول ---
جائیں تو ہم کہاں جائیں، سوجھے نہ کوئی کنارا
بھر گیا جی یہاں جی کے، چھوڑ دے پیچھا ہمارا
ہو تیری قسم دنیا میں ہم، آئیں گے نہ دوبارہ
اے زندگی ہوئی کہاں بھول ---
اے زندگی کیا ہیں تیرے کھیل، تیرے سوا کس کو پتا
کس موڑ پہ کیا دے ہمیں، کس موڑ پہ چھین لے کیا

***

گانا نمبر : ۰۴

کبھی بے کسی نے مارا

فلم : الگ الگ (۱۹۸۵ء)

نغمہ نگار : آنند بخشی

گلوکار : کشور کمار

موسیقار : آر ڈی برمن

اداکار : راجیش کھنہ، ٹینا منیم، ششی کپور

یہ غزل ہے نہ گیت ہے کوئی
یہ میرے درد کی کہانی ہے
میرے سینہ میں صرف شعلے ہیں
میرے آنکھوں میں صرف پانی ہے
کبھی بے کسی نے مارا
ہو کبھی بےبسی نے مارا
گلہ موت سے نہیں ہے مجھے زندگی نے مارا
مقدر پہ کچھ زور چلتا نہیں

وہ موسم ہے یہ جو بدلتا نہیں
کہیں تھی یہ بدنصیبی
ہو کہیں تھی میری غریبی
کس کس کا نام لوں میں
مجھے ہر کسی نے مارا

بے مروت بے وفا دنیا ہے یہ
ہے یہی دنیا تو کیا دنیا ہے یہ
نہ کمی تھی دوستوں کی
نہ کمی تھی دشمنوں کی
کہیں دشمنی نے لوٹا کہیں دوستی نے مارا
اجالوں سے وحشت مجھے ہو گئی ہے
اندھیروں کی عادت مجھے ہو گئی ہے
رہا جب تلک اندھیرا کٹا خوب وقت میرا
مجھے چاندنی نے لوٹا مجھے روشنی نے مارا

***

گانا نمبر : ۰۵

تمہیں اپنا ساتھی بنانے سے پہلے

فلم : پیار جھکتا نہیں (۱۹۸۵)

نغمہ نگار : ایس اچ بہاری

گلوکار : لتا منگیشکر، شبیر کمار

موسیقار : لکشمی کانت پیارے لال

اداکار : متھن چکرورتی، پدمنی کولہا پوری

ہزاروں آندھیاں آئیں، ہزاروں بجلیاں چمکیں
کبھی ساتھی کو تنہا، راہ میں چھوڑا نہیں کرتے
تمہیں اپنا ساتھی بنانے سے پہلے
میری جان مجھ کو بہت سوچنا ہے
محبت کی دنیا بسانے سے پہلے
میری جان مجھ کو بہت سوچنا ہے
کہاں سے میں لاؤں گا ریشم کی ساڑی
یہ بنگلہ یہ موٹر نہیں لے سکوں گا

میرا دل ہی بس اک میری ملکیت ہے
جو چاہو تو بس میں یہی دے سکوں گا
مگر دل کی دھڑکن سنانے سے پہلے
میری جان مجھ کو بہت سوچنا ہے
یہ رنگیں یارا حدیں زندگی کی
بہت کچھ تمہیں ہنس کے کھونا پڑے گا
کبھی میری غربت نے آنسو دیا تو
تمہیں بھی ساتھ رونا پڑے گا
مگر ساتھ رلانے سے پہلے
میری جان مجھ کو بہت سوچنا ہے
میں ڈرتا ہوں اس دن کی رسوائیوں سے
کہیں پیار پر اپنے دنیا ہنسے نہ
محبت کی ہو بدنامی ہم سے
زمانہ کہیں ہم پہ طعنے کسے نہ
ستاروں کی محفل سجانے سے پہلے
میری جان مجھ کو بہت سوچنا ہے

محبت جنہیں ہو گئی ہو کسی سے
محبت کا انجام کب سوچتے ہیں
یہ ایسا سنہرا سفر ہے
جس میں ہزاروں ہیں ناکام کب سوچتے ہیں
چراغِ وفا اپنے ہاتھوں میں لے کر
محبت کی راہوں میں جو چل پڑے ہیں
بیاباں میں ہوگی کہ صحرا میں ہوگی
کہاں ہوگی اب شام کہاں سوچتے ہیں
محبت کے ماروں کو اب اور اے دل
ستائیں گی کیا سختیاں زندگی کی
جنہیں تھک کے نیند آ گئی پتھروں پر
وہ دنیا کا آرام کب سوچتے ہیں
یہ انسان کیا ہے خدا کے بھی آگے
کبھی پیار دنیا میں جھکتا نہیں ہے
پیار کبھی بھی جھکتا نہیں ہے
محبت ہی جن کی خدا بن چکی ہے

کسی اور کا نام کب سوچتے ہیں
محبت جنہیں ہو گئی ہو کسی سے
محبت کا انجام کب سوچتے ہیں
محبت کا انجام کب سوچتے ہیں

***

گانا نمبر: ۰۶

پھر دل نے پکارا ہے اک بار چلے آؤ

فلم : ایک بار چلے آؤ (۱۹۸۳ء)

نغمہ نگار : سمیر

گلوکار : لتا منگیشکر

موسیقار : چاند پردیسی

اداکار : دیپتی ناول، فاروق شیخ

پھر دل نے پکارا ہے اک بار چلے آؤ

اک بار چلے آؤ، اک بار چلے آؤ

وہ سارے گلے شکوے، گلے مل کے مٹا جاؤ

اک بار چلے آؤ، اک بار چلے آؤ

ہم نے تیری چاہت میں سارا جگ چھوڑا ہے

تم بن میں جیوں کیسے، اتنا تو بتا جاؤ

اک بار چلے آؤ، اک بار چلے آؤ

ایک بار گلے مل کے جی بھر کے تو رو لوں میں

دامن یہ محبت کا اشکوں سے بھگو لوں میں
گھٹ گھٹ کے نہ مر جاؤں، اتنا بھی نہ تڑپاؤ
اک بار چلے آؤ، اک بار چلے آؤ
دنیا یہ ملن کے گیت صدیوں تک گائے گی
ڈولی یہ محبت کی کہیں اور نہ جائے گی
دلہن میں تمہاری ہوں، میری مانگ سجا جاؤ
اک بار چلے آؤ، اک بار چلے آؤ
پھر دل نے پکارا ہے اک بار چلے آؤ
اک بار چلے آؤ، اک بار چلے آؤ

***

۱۹۹۰ - گانا نمبر : ۰۱

پہلے پیار کا پہلا غم

فلم : پاپا کہتے ہیں (۱۹۹۶ء)

نغمہ نگار : جاوید اختر

گلوکار : کویتا کرشنا مورتی

موسیقار : راجیش روشن

اداکار : جگل ہنس راج، میوری کانگو

پہلے پیار کا پہلا غم
پہلی بار ہیں آنکھیں نم
پہلا ہے تنہائی کا یہ موسم
آ بھی جاؤ ورنہ رو دیں گے ہم
ہم نے تھے دیکھے ساتھ جو مل کے سپنے روٹھ گئے
سارے کھلونے کانچ کے نکلے چھونے سے ٹوٹ گئے
اب ہم ہیں تنہائی ہے
اک اداسی چھائی ہے

دھڑکنا بھی ہے جیسے مدھم مدھم
آ بھی جاؤ ورنہ رو دیں گے ہم
تم جو نہیں تو دنیا ہم کو اچھی نہیں لگتی
تم جو نہیں تو بات کوئی ہو سچی نہیں لگتی
ہم نے دل کو سمجھایا
سو باتوں سے بہلایا
لیکن دل کا درد نہیں ہوتا کم
آ بھی جاؤ ورنہ رو دیں گے ہم

***

گانا نمبر : ۰۲

پیاسی ہی رہ گئی محبت کی آرزو

فلم : محبت کی آرزو (۱۹۹۴ء)

نغمہ نگار : حسرت جے پوری

گلوکار : روپ کمار راٹھوڑ

موسیقار : لکشمی کانت پیارے لال

اداکار : رشی کپور، زیبا بختیار، اشونی بھاوے

پیاسی ہی رہ گئی محبت کی آرزو
آنسو ہی دے گئی محبت کی آرزو
دنیا مری لٹی ہے منزل کے آس پاس
کیا کیا دکھا رہی ہے محبت کی آرزو
رہا جو دل میں محبت کا دیوتا بن کر
نظر چراتا ہے اب وہ بھی بے‌وفا بن کر
کسے خبر بھی وہ ایسا بھی رنگ بدلے گا
دے کے آس دنیا کے سنگ بدلے گا

زہر بنے گا وہ ہی درد کی دوا بن کر
رہا جو دل میں محبت کا دیوتا بن کر
کہاں گئے سبھی وعدے کہاں گئیں قسمیں
کہاں گئیں وہ محبت وہ پیار کی رسمیں
کہا تھا جان بھی دے دیں گے ہم وفا بن کر
رہا جو دل میں محبت کا دیوتا بن کر
نظر چراتا ہے اب وہ بھی بے وفا بن کر
نظر چراتا ہے اب وہ بھی بے وفا بن کر

***

گانا نمبر : ۰۳

دل چیر کے دیکھ تیرا ہی نام ہو گا

فلم : رنگ (۱۹۹۳ء)

نغمہ نگار : سمیر

گلوکار : کمار سانو

موسیقار : ندیم شراون

اداکار : دیویا بھارتی، کمل سدانہ، آئشہ زلخا

دل چیر کے دیکھ تیرا ہی نام ہو گا
تیری وفا تیری صدا تیرا پیام ہو گا
آج بھری محفل میں کوئی بدنام ہو گا
تیری جفا تیرا ستم تجھ پہ الزام ہو گا
دل چیر کے دیکھ تیرا ہی نام ہو گا
اس دل میں کیسی بے قراری ہے
تو کیا جانے --- تو کیا جانے
الفت کے آگے دنیا ہاری ہے
تو کیا جانے --- تو کیا جانے

یوں دل توڑ دینا محبت نہیں
محبت ہے چاہت، تجارت نہیں
ٹوٹے میرے اس دل میں انتقام ہو گا
تیری وفا تیری صدا تیرا پیام ہو گا
دل چیر کے دیکھ تیرا ہی نام ہو گا
دل میرا تیرا سودائی ہے
کیوں نہ مانے کیوں نہ مانے
فطرت میں تیری بےوفائی ہے
کیوں نہ مانے کیوں نہ مانے
میں تیری دیوانی ہوں تیری قسم
بڑا سنگدل دل تیرا بےرحم تیری بےرحم
میرے لبوں پہ تیرا ہی کلام ہو گا
تیری وفا تیری صدا تیرا پیام ہو گا
آج بھری محفل میں کوئی بدنام ہو گا
تیری جفا تیرا ستم تجھ پہ الزام ہو گا
دل چیر کے دیکھ تیرا ہی نام ہو گا

***

گانا نمبر : ۴۰

یہ دل بے وفا سے وفا کر رہا ہے

فلم : بےوفا سے وفا (۱۹۹۲ء)

نغمہ نگار : ساون کمار

گلوکار : لتا منگیشکر

موسیقار : اوشا کھنہ

اداکار : جوہی چاؤلہ، وویک مشران، نغمہ

یہ دل بےوفا سے وفا کر رہا ہے
ہائے دل دیکھو دل سے کیا کر رہا ہے
یہ دل بےوفا سے وفا کر رہا ہے
اپنا ہی دل اپنا دشمن ہوا ہے
اپنوں سے اپنے جدا کر رہا ہے
یہ دل بےوفا سے وفا کر رہا ہے
خوشیوں کے بدلے میرے غم ان کو دے دے
خدا سے یہی دل دعا کر رہا ہے

یہ دل بےوفا سے وفا کر رہا ہے
ہائے دل دیکھو دل سے گیا کر رہا ہے

***

گانا نمبر : ۰۵

کوئی کیا پہچانے جس کا غم وہی جانے

گلوکار : کمار سانو

فلم : ساجن کی بانہوں میں (۱۹۹۵ء)

نغمہ نگار : سمیر

موسیقار : ندیم شراون

اداکار : رشی کپور، روینہ ٹنڈن، تبو

کوئی کیا پہچانے جس کا غم وہی جانے
بیگانے لگے اپنے اور اپنے لگے بیگانے
کیا ہے ملنا کیا بچھڑنا، کھیل سب تقدیر کے
ایک ہو کے کیوں ہیں لگتے رنگ دو تصویر کے
وقت بدلے، بدلے چہرے، کب ہو کیا کس کو پتا
یہی دنیا کی ریت ہے، کوئی مانے یا نہ مانے
مسکراہٹ کی لہر میں آنسوؤں کی پیاس ہے
دور دل سے دل کی دھڑکن، پھر بھی آس پاس ہے

کیا وفا کیا بےوفائی، راز یہ جانیں ہیں ہم
کوئی کرتا نہیں جان کے، ہوتی ہے خطا انجانے
کوئی کیا پہچانے جس کا غم وہی جانے
بیگانے لگے اپنے اور اپنے لگے بیگانے

***

گانا نمبر : ۰۶

او پریہ پریہ کیوں بھلا دیا

فلم : دل (۱۹۹۰ء)

نغمہ نگار : سمیر

گلوکار : انورادھا پوڈوال، سریش واڈیکر

موسیقار : آنند ملند

اداکار : عامر خان، مادھوری ڈکشٹ

او پریہ، پریہ، کیوں بھلا دیا
بے وفا یا بے رحم، کیا کہوں تجھے صنم
تو نے دل توڑا ہے، بھول کیا ہوئی یہ بتا جا
او پیا، پیا، میں تیری پریہ
آنسوؤں کو پی گئی، جانے کیسے جی گئی
کیا ہے میری مجبوری، کیسے میں بتاؤں ہوا کیا
تو بے وفا ہے جو میں جان جاتا
تجھ سے کبھی بھی دل نہ لگاتا

مجھ پہ یقین کر یوں نہ الزام دے

دے کوئی سزا مگر بےوفا نہ نام دے

میری دلربا، تونے کی جفا

پر تجھے بھولے گی نہ میری وفا

جی چاہتا ہے، خود کو جلا دوں

موت کو اپنے دل سے لگا لوں

آ کے ذرا دیکھ لے دل میرا چیر کے

رنگ ملیں گے تجھے تیری تصویر کے

میرے ساتھیا، تیرا ہو بھلا

یہی میرے ٹوٹے ہوئے دل کی صدا

***

گانا نمبر : ۰۷

اب تیرے بن جی لیں گے ہم

فلم : عاشقی (۱۹۹۰ء)

نغمہ نگار : سمیر

گلوکار : کمار سانو

موسیقار : ندیم شراون

اداکار : راہل رائے، انو اگروال

اب تیرے بن جی لیں گے ہم
زہر زندگی کا پی لیں گے ہم
کیا ہوا جو ایک دل ٹوٹ گیا
تیری عاشقی بھی یہ کیا رنگ لائی
وفا میں نے کی تو نے کی بے وفائی
میری بھول تھی میں یہ کیا چاہتا تھا
کسی بے وفا سے وفا چاہتا تھا
تو جانے کیا بیقراری، بے درد بے مروت

جا سنگدل حسینہ، دیکھی تیری محبت
اب میں نے جانا تجھ کو بے رحم
صنم توڑ دیتا محبت کے وعدے
اگر جان جاتا میں تیرے ارادے
کسے میں نے چاہا، کہاں دل لگایا
میں نادان تھا، کچھ سمجھ ہی نہ پایا
میری آنسوؤں کے موتی، آنکھوں میں بہتا پانی
میرے ٹوٹے دل کے ٹکڑے، تیرے پیار کی نشانی
کیسے میں بھولوں گا تیرے ستم

***

گانا نمبر : ۰۸

سایہ بھی ساتھ جب چھوڑ جائے

فلم : دل لگی (۱۹۹۹ء)

نغمہ نگار : جاوید اختر

گلوکار : نصرت فتح علی خان

موسیقار : آنند ملند

اداکار : سنی دیول، ارملا ماتونڈکر، بابی دیول

سایہ بھی ساتھ جب چھوڑ جائے ایسی ہے تنہائی
رونا چاہوں تو آنسو نہ آئے ایسی ہے تنہائی
جو ایسے چھوڑ کے محبوب جائے
تو جینے سے نہ کیوں دل اوب جائے
سایہ بھی ساتھ جب چھوڑ جائے ایسی ہے تنہائی
پایا ہم نے اے بن تیرے
رنج کی راہیں اور غم کے اندھیرے
وہ بھی تو ہم سے کھو گئے ہائے ایسی ہے تنہائی

سایہ بھی ساتھ جب چھوڑ جائے ایسی ہے تنہائی
یاد آتے ہیں بیتے زمانے
جب تم آئے تھے ہم کو منانے
اب تو دل روٹھے درد منائے ایسی ہے تنہائی
رونا چاہوں تو آنسو نہ آئے ایسی ہے تنہائی
سایہ بھی ساتھ جب چھوڑ جائے ایسی ہے تنہائی

***

گانا نمبر : ۰۹

دل جب سے ٹوٹ گیا

فلم : سلامی (۱۹۹۴ء)

نغمہ نگار : سمیر

گلوکار : پنکج ادھاس، الکا یاگنک

موسیقار : ندیم شراون

اداکار : ایوب خان، سوم یگنا، روشنی جعفری

دل جب سے ٹوٹ گیا
کیسے کہیں کیسے جیتے ہیں
کبھی زیادہ کبھی کم پیتے ہیں
جانِ وفا جانے نہ تو
زخموں کو ہم کیسے سیتے ہیں
کیسے تیرے بنا ہم جیتے ہیں
جام کا ہے سہارا ورنہ کیا ہے ہمارا
یہ دوا جو نہ پیتے ہم بھلا کیسے جیتے

دیکھیں مڑ کے جہاں ہے وہاں بے بسی
بے خودی بن گئی اب میری زندگی
ساتھ تیرا چھوٹ گیا کیسے کہیں کیسے جیتے ہیں
کبھی زیادہ کبھی کم پیتے ہیں
تجھ پہ کر کے بھروسہ ہم نے کھایا ہے دھوکہ
پہلے جو جان جاتے تجھ سے دل نہ لگاتے
اپنی ہر آرزو آنسوؤں میں ڈھلی
درد کی آگ میں ہر تمنا جلی
کس کو پتا کس کو خبر
زخموں کو ہم کیسے سیتے ہیں
کبھی زیادہ کبھی کم پیتے ہیں

***

گانا نمبر : ۱۰

پردیسی پردیسی جانا نہیں

فلم : راجہ ہندوستانی (۱۹۹۶ء)

نغمہ نگار : سمیر

گلوکار : الکا یاگنک، ادت نارائن، سپنا اوستھی

موسیقار : ندیم شراون

اداکار : عامر خان، کرشمہ کپور

میں یہ نہیں کہتی کہ پیار مت کرنا
کسی مسافر کا مگر اعتبار مت کرنا
پردیسی پردیسی جانا نہیں
مجھے چھوڑ کے، مجھے چھوڑ کے
پردیسی پردیسی جانا نہیں
منہ موڑ کے، دل توڑ کے
پردیسی میرے یارا وعدہ نبھانا
مجھے یاد رکھنا کہیں بھول نہ جانا

پردیسی پردیسی جانا نہیں
میرے دل میں یونہی رہنا پیار پیار بن کے
آئے ہو میری زندگی میں تم بہار بن کے
پھولوں کے موسم میں ملنے آتے ہیں
پت جھڑ میں پنچھی بن کر اڑ جاتے ہیں
ہنستی آنکھوں کو آنسو دے جاتے ہیں
وعدہ کر کے بھی نہ واپس آتے ہیں
پردیسی میرے یارا گزرا زمانہ
اسے یاد رکھنا کہیں بھول نہ جانا
پردیسی پردیسی جانا نہیں
مجھے چھوڑ کے، مجھے چھوڑ کے
بھول نہ جانا، بھول نہ جانا
سچ کہتے ہیں دنیا والے پیار نہ کر
پیار تو ہے اک روگ برا ، اس روگ سے ڈر
دیوانوں کی قسمت میں تنہائی ہے
عشق کا دوجا نام تو یار جدائی ہے

پردیسی میرے یارا مجھے نہ رلانا
تم یاد رکھنا کہیں بھول نہ جانا
پردیسی پردیسی جانا نہیں
مجھے چھوڑ کے، مجھے چھوڑ کے
او میرے پردیسی جانا نہیں
مجھے چھوڑ کے، مجھے چھوڑ کے
او میرے پردیسی تو جانا نہیں
ہاں مجھے چھوڑ کے، مجھے چھوڑ کے

***

فہرست